# Una Vida Libre de Deudas

Lina Hernandez

## Página de Derechos de Autor

Datos Legales y de Derechos


Año: 2025
Pais del Escritor: Colombia



Primera Edicion

# Indice

# El Peso Invisible de la Deuda

La deuda es algo que puede colarse en nuestras vidas casi sin darnos cuenta. Al principio, parece inofensiva, como un pequeño favor que nos hacemos a nosotros mismos. Tal vez sea una compra con la tarjeta de crédito, un préstamo para algo que realmente necesitamos, o simplemente un gasto que pensamos que podríamos cubrir más adelante. Pero, con el tiempo, la deuda crece. No solo en números, sino en el peso que lleva consigo. Y ese peso, aunque no lo veas, está siempre presente.

Es como cargar una mochila que al principio parece ligera, pero con cada paso, cada día, se vuelve más pesada. Tal vez no lo notes de inmediato, porque estás acostumbrado a ella, porque todos a tu alrededor también parecen cargar mochilas similares. Sin embargo, en el fondo sabes que está ahí, dificultando tus movimientos, haciéndote más difícil avanzar. La deuda, incluso cuando no estás pensando directamente en ella, afecta la forma en que vives, en cómo tomas decisiones y en cómo te sientes contigo mismo.

Una de las primeras señales del peso de la deuda es el estrés. Puede que estés sentado en casa viendo la televisión o intentando disfrutar un momento tranquilo, pero de repente, un pensamiento invade tu mente: ese pago que está por vencer, ese saldo que no deja de crecer. Es como si nunca pudieras desconectar por completo. Tal vez no hables de ello con nadie, tal vez trates de ignorarlo, pero sabes que está ahí, como una sombra que te sigue a todas partes.

Además del estrés, la deuda también afecta la forma en que percibimos nuestro futuro. Cuando tienes deudas, es difícil pensar en planes a largo plazo. Las vacaciones soñadas, la casa que quieres comprar, incluso algo tan simple como salir a cenar con amigos, puede sentirse como un lujo que no te puedes permitir. En lugar de mirar hacia adelante con esperanza, comienzas a sentirte atrapado, como si todo tu esfuerzo estuviera destinado a apagar incendios financieros en lugar de construir algo significativo.

Lo más complicado de la deuda es que no solo afecta tu bolsillo, sino también tus emociones. Hay una mezcla de culpa, vergüenza y frustración que puede ser difícil de explicar. Tal vez te preguntas cómo llegaste a esta situación, qué podrías haber hecho de manera diferente o si algún día podrás salir de ella. Estas emociones son pesadas, y pueden afectar incluso tus relaciones. Tal vez evitas ciertas conversaciones con tu pareja o amigos porque no quieres que sepan lo que estás pasando. Quizás te sientes menos capaz, menos digno, porque la deuda tiene una forma de hacernos sentir que hemos fallado, aunque no sea así.

Lo importante aquí es recordar que no estás solo. Muchas personas pasan por lo mismo. La deuda es una realidad común, pero no tiene que ser un destino permanente. Es fácil caer en la trampa de pensar que las cosas nunca van a mejorar, que el peso siempre estará allí, pero eso no es cierto. Lo primero que necesitas hacer es reconocerlo, admitir que ese peso existe, porque solo entonces podrás empezar a buscar una solución.

Imagina por un momento cómo sería tu vida sin ese peso. Poder respirar profundo sin que la preocupación financiera te apriete el pecho. Tomar decisiones sin la presión de las deudas empujándote en direcciones que no quieres. Tener la libertad de pensar en tus sueños, en tus metas, sin que el dinero sea una barrera constante. Esa vida es posible, pero comienza aquí, con el reconocimiento de lo que estás enfrentando y el compromiso de hacer algo al respecto.

No te culpes por estar en esta situación. En su mayoría, las deudas no son un reflejo de tu valor como persona, sino de decisiones que, en su momento, parecían las mejores opciones. La clave está en tomar el control. La deuda puede sentirse como un monstruo enorme y aterrador, pero como cualquier problema, se puede enfrentar paso a paso. Cada pequeña acción que tomes, cada decisión consciente, es un ladrillo que estás quitando de ese muro que parece encerrarte.

El peso de la deuda es real, pero también lo es la posibilidad de liberarte de él. Recuerda que no estás definido por el dinero que debes. Eres mucho más que eso. Este capítulo no solo es para mostrarte que el peso existe, sino también para decirte que no tienes que cargarlo para siempre. Se puede dejar atrás, y en este libro encontrarás las herramientas para hacerlo. La mochila que cargas puede volverse más ligera, hasta que un día descubras que ya no está ahí. Ese día llegará, y cuando lo haga, te darás cuenta de que todo este esfuerzo valió la pena.

# Haciendo las Paces con las Finanzas

Cuando se trata de las finanzas, la mayoría de las personas tienen una relación complicada con el dinero. Es como un amigo que a veces está ahí para apoyarte, pero otras veces parece causarte más problemas de los que resuelve. Para muchos, el dinero es una fuente constante de estrés, discusiones y preocupaciones. Sin embargo, la verdad es que el dinero en sí no es el problema. El problema es cómo nos relacionamos con él, cómo lo entendemos y cómo lo gestionamos. Si estás leyendo esto, es porque probablemente sientes que algo en tu relación con el dinero no está funcionando como debería. Y eso está bien, porque reconocerlo es el primer paso para hacer las paces con tus finanzas.

Hacer las paces con el dinero no significa que de repente tengas todo resuelto. No significa que mágicamente desaparecerán tus deudas o que empezarás a ganar más dinero. Se trata, más bien, de cambiar la forma en que lo ves y lo manejas. Muchas veces, el dinero es tratado como un enemigo, algo que parece escaparse de tus manos o que nunca es suficiente. Pero el dinero no tiene emociones ni intenciones; es simplemente una herramienta. Como cualquier herramienta, depende de ti aprender a usarla correctamente.

El primer paso para hacer las paces con tus finanzas es aceptar dónde estás ahora. Esto puede ser incómodo, pero es necesario. Si tienes deudas, si estás gastando más de lo que ganas o si no tienes ahorros, necesitas enfrentarlo con honestidad. No sirve de nada culparte por las decisiones pasadas. Lo hecho, hecho está. Lo importante es que hoy tienes la oportunidad de empezar de nuevo, de tomar control y construir una relación más saludable con el dinero.

Haz un inventario financiero. Esto significa sentarte con calma y escribir exactamente cuánto ganas, cuánto gastas y cuánto debes. Puede parecer intimidante al principio, especialmente si has estado evitando mirar tus cuentas, pero es un acto de valentía. Cuando escribes las cifras, estás tomando el control. Estás dejando de huir y enfrentando la realidad. Y aquí está el secreto: no importa qué tan mal se vea en el papel, siempre hay una manera de mejorar.

Una vez que tengas claro tu panorama financiero, el siguiente paso es cambiar tu mentalidad. Muchas personas ven el dinero como algo escaso, como si nunca hubiera suficiente. Esta mentalidad puede hacer que tomes decisiones financieras basadas en el miedo, como aceptar cualquier crédito disponible o gastar en cosas que realmente no necesitas solo para sentirte mejor por un momento. En lugar de eso, intenta adoptar una mentalidad de abundancia. Esto no significa ignorar la realidad, sino creer que puedes trabajar para mejorarla. El dinero no tiene que ser algo que controle tu vida; puede ser algo que tú controles.

El dinero no es bueno ni malo, es simplemente una herramienta. No defines tu valor como persona por cuánto tienes en tu cuenta bancaria. Muchas veces, cargamos con ideas del pasado, cosas que escuchamos de niños, como que "el dinero es la raíz de todos los males" o que "las personas ricas son egoístas". Estas creencias pueden estar saboteándote sin que te des cuenta. Pregúntate: ¿qué pienso realmente sobre el dinero? ¿De dónde vienen esas ideas? Una vez que identifiques esas creencias, trabaja en cambiarlas. El dinero, bien manejado, puede ser una fuerza positiva en tu vida.

También es importante perdonarte por los errores financieros del pasado. Tal vez gastaste demasiado en cosas innecesarias. Tal vez aceptaste un crédito que no podías pagar. Tal vez confiaste en alguien que te llevó por el camino equivocado. Sea lo que sea, perdónate. La culpa no te ayudará a avanzar. En su lugar, aprende de esos errores. Cada experiencia, incluso las malas, es una lección valiosa. El pasado no define tu futuro. Lo que importa es lo que hagas a partir de ahora.

Parte de hacer las paces con tus finanzas es aprender a ser paciente contigo mismo. No esperes arreglar todo en un día. Salir de deudas, ahorrar y cambiar tus hábitos financieros lleva tiempo. Habrá días en los que sentirás que no avanzas, y eso está bien. El progreso no siempre es lineal, pero cada paso, por pequeño que sea, cuenta. La clave es mantenerte enfocado y comprometido con tu objetivo.

Además, no tengas miedo de pedir ayuda si la necesitas. Hablar de dinero puede ser un tema tabú para muchas personas, pero es importante buscar apoyo. Puedes hablar con un amigo de confianza, un asesor financiero o incluso con tu pareja. No tienes que enfrentar esto solo. A veces, una perspectiva externa puede ayudarte a ver soluciones que no habías considerado.

Recuerda que el dinero es una herramienta para construir la vida que deseas. No tiene que ser una fuente de estrés constante. Al hacer las paces con tus finanzas, estás dando un gran paso hacia una vida más libre y equilibrada. No será fácil al principio, pero cada esfuerzo que hagas te acercará a la tranquilidad financiera que tanto deseas. No importa dónde estés ahora, lo importante es hacia dónde estás dispuesto a ir. Y ese camino comienza aquí, con la decisión de reconciliarte con tu dinero y usarlo de manera consciente y sabia.

# Creando un Mapa Financiero Personal

Imagina que estás en un lugar desconocido y necesitas llegar a un destino importante. ¿Qué es lo primero que harías? Probablemente buscar un mapa o abrir una aplicación que te guíe, ¿verdad? Pues lo mismo ocurre con tus finanzas. Si no sabes exactamente dónde estás y hacia dónde quieres ir, es casi imposible avanzar. Crear un mapa financiero personal es como trazar una ruta para tu dinero, para que cada decisión que tomes te acerque a tus metas. Este proceso no solo te ayuda a organizarte, sino que también te da claridad y control sobre tu situación económica.

El primer paso para crear tu mapa financiero es identificar dónde estás ahora. Esto significa mirar de cerca tus ingresos, gastos, deudas y ahorros. Es como marcar el punto de partida en un mapa. A veces puede ser incómodo ver las cifras reales, pero no puedes mejorar lo que no entiendes. Siéntate con calma y escribe todo en un papel o utiliza una hoja de cálculo. Anota cuánto ganas al mes, ya sea de un trabajo fijo, trabajos adicionales o cualquier otra fuente de ingresos. Luego, escribe en qué gastas tu dinero. Aquí es importante ser honesto y detallado. Incluye todo, desde los pagos fijos como la renta o el alquiler, hasta los pequeños gastos como el café de la mañana.

Una vez que tengas claro tu punto de partida, es hora de definir hacia dónde quieres ir. ¿Qué quieres lograr con tu dinero? Tal vez quieras salir de deudas, ahorrar para un fondo de emergencia o empezar a invertir para el futuro. Estas metas son como los destinos en tu mapa. Es importante que sean específicas y realistas. Por ejemplo, en lugar de decir "quiero ahorrar", di "quiero ahorrar 10,000 en un año para emergencias". Esto te da un objetivo claro y te permite medir tu progreso.

Ahora que sabes dónde estás y hacia dónde quieres ir, es momento de trazar la ruta. Aquí es donde entra en juego el presupuesto, que es como el camino que seguirás para alcanzar tus metas. Un presupuesto no es una lista de restricciones, es una herramienta para asegurarte de que cada peso que ganas tenga un propósito. Divide tus ingresos en categorías como gastos fijos, gastos variables, pago de deudas y ahorro. Por ejemplo, si ganas 20,000 al mes, puedes asignar un porcentaje a cada categoría, como 50% para gastos esenciales, 20% para ahorro, 20% para deudas y 10% para gastos personales. La clave es ser realista y ajustar el presupuesto a tu situación actual.

Pero un mapa financiero no solo se trata de números. También necesitas anticipar los obstáculos en tu camino. Esto significa pensar en los imprevistos, como una emergencia médica o una reparación inesperada en tu casa. Por eso, uno de los primeros objetivos de tu mapa debería ser crear un fondo de emergencia. Este fondo actúa como un colchón que te protege cuando algo inesperado ocurre. Idealmente, deberías ahorrar de tres a seis meses de tus gastos básicos. Si eso suena como mucho, empieza con una meta más pequeña, como 5,000 o 10,000. Lo importante es comenzar.

Otra parte importante de tu mapa financiero es evaluar tus deudas. Si tienes deudas, es fundamental incluirlas en tu plan. Anota todas tus deudas, desde la más pequeña hasta la más grande, junto con las tasas de interés y los pagos mínimos. Esto te ayudará a priorizar cuáles pagar primero.

Una estrategia común es el método bola de nieve, donde comienzas pagando la deuda más pequeña mientras sigues haciendo los pagos mínimos en las demás. Una vez que eliminas esa deuda, pasas a la siguiente. Este método es efectivo porque te da pequeñas victorias que te motivan a seguir adelante.

Además, tu mapa financiero debe incluir un plan para construir hábitos saludables con el dinero. Esto significa ser consciente de cómo gastas y asegurarte de que tus decisiones diarias estén alineadas con tus metas. Por ejemplo, si sabes que tiendes a gastar de más en compras impulsivas, establece un límite para esos gastos o evita ir a lugares donde sabes que es difícil resistir la tentación. Cada pequeño cambio que hagas suma y te acerca a tus objetivos.

Recuerda revisar tu mapa financiero con regularidad. La vida cambia, y tus finanzas también. Tal vez consigues un aumento en el trabajo, pagas una deuda o surge un gasto inesperado. Ajusta tu presupuesto y tus metas según sea necesario, pero siempre mantente enfocado en el destino final.

Crear un mapa financiero personal no es algo que haces una vez y olvidas. Es un proceso continuo, pero uno que te da una sensación de control y dirección. Al final, este mapa no solo te ayudará a alcanzar tus metas, sino que también te dará tranquilidad, porque sabrás que estás tomando decisiones conscientes con tu dinero. Y lo mejor de todo, te permitirá disfrutar más el viaje, porque sabrás que cada paso te está llevando en la dirección correcta.

# El Presupuesto

Hablar de presupuestos suele hacer que muchas personas frunzan el ceño. Puede sonar aburrido o complicado, como si se tratara de llenar formularios interminables o limitarse a no gastar en nada divertido. Pero la realidad es que un presupuesto no es una cárcel, es una herramienta poderosa que te da libertad. Cuando tienes un presupuesto, no te quedas a oscuras preguntándote a dónde se fue tu dinero. En lugar de eso, tomas el control y decides conscientemente en qué gastar y en qué no. Un presupuesto es simplemente un plan para que tu dinero trabaje para ti, en lugar de que tú trabajes para perseguirlo.

El primer paso para crear un presupuesto es conocer tus números. Esto significa saber cuánto dinero entra y cuánto sale. La mayoría de las personas tienen una idea vaga de lo que ganan, pero no siempre saben exactamente cuánto gastan. Aquí es donde debes ser honesto contigo mismo. Siéntate y revisa tus ingresos mensuales, ya sea de tu sueldo, trabajos extras o cualquier otra fuente. Luego, examina tus gastos. Incluye todo: la renta o hipoteca, servicios, transporte, comida, suscripciones, entretenimiento, e incluso esos pequeños gastos como un café o una bebida que parecen insignificantes pero que, al sumarlos, pueden hacer una gran diferencia.

Una vez que tengas claro cuánto ganas y cuánto gastas, es momento de organizar tu dinero. Una fórmula sencilla y efectiva para dividir tus ingresos es la regla del 50/30/20. Según esta regla, el 50% de tus ingresos debería destinarse a necesidades, el 30% a deseos y el 20% al ahorro o al pago de deudas. Por ejemplo, si ganas 20,000 al mes, destinarías 10,000 a gastos esenciales como vivienda, servicios y alimentos; 6,000 a actividades recreativas o cosas que te hacen feliz, como salir a cenar o ir al cine; y 4,000 a ahorro o a reducir tus deudas. Esta fórmula no es rígida, pero te da una base sólida para empezar.

Un presupuesto exitoso no solo incluye lo que debes gastar, sino también lo que quieres lograr. Aquí es donde entran tus metas financieras. Tal vez quieras ahorrar para un viaje, construir un fondo de emergencia o pagar tus deudas más rápido. Sea cual sea tu objetivo, asigna una parte de tu presupuesto para alcanzarlo. Por ejemplo, si tu meta es ahorrar 10,000 en seis meses, necesitas apartar al menos 1,667 cada mes. Es importante que estas metas sean específicas y realistas para que no te sientas frustrado en el camino.

Ahora bien, no todo es perfecto, y es posible que al principio descubras que tus gastos son mayores que tus ingresos. Esto puede ser desalentador, pero no es el fin del mundo. Aquí es donde el presupuesto se convierte en tu aliado para hacer ajustes. Revisa tus gastos y decide en qué puedes recortar. Tal vez puedas cocinar más en casa en lugar de pedir comida, cancelar una suscripción que no usas o reducir las compras impulsivas. Estos pequeños cambios pueden parecer insignificantes, pero suman rápidamente y te ayudan a liberar dinero para lo que realmente importa.

Un aspecto clave de un presupuesto es que debe ser flexible. La vida está llena de imprevistos y no todo saldrá exactamente como lo planeaste. Tal vez un mes tengas un gasto médico inesperado o una reparación en el auto. Esto no significa que hayas fallado, simplemente ajusta tu presupuesto y sigue adelante. La clave está en no abandonar el hábito de planificar.

Otro consejo práctico es utilizar herramientas para gestionar tu presupuesto. Puedes usar aplicaciones móviles, una hoja de cálculo o simplemente un cuaderno. Lo importante es que el método sea cómodo para ti y fácil de actualizar. Dedica al menos una vez por semana unos minutos para revisar cómo vas. Esto no solo te mantiene en el camino correcto, sino que también te ayuda a detectar patrones en tus gastos que tal vez no habías notado.

Finalmente, recuerda que un presupuesto no es un castigo, es un plan para tu tranquilidad. No se trata de privarte de las cosas que disfrutas, sino de asegurarte de que puedes pagarlas sin remordimientos ni estrés. Es normal cometer errores al principio, como subestimar ciertos gastos o gastar de más en algo. La clave es aprender de esos errores y seguir mejorando. Al final, lo que importa es que tomes el control de tu dinero y que cada peso que ganes tenga un propósito claro.

El presupuesto es como el timón de un barco. Sin él, puedes ir a la deriva, gastando sin rumbo y acumulando deudas sin darte cuenta. Pero con un presupuesto, tienes una dirección clara y puedes navegar hacia tus metas financieras con confianza. No importa cuánto ganes o cuánto debas, siempre puedes empezar a presupuestar y mejorar tu relación con el dinero. Y lo mejor de todo, cuando ves los resultados, cuando logras ahorrar para algo importante o saldar una deuda, te das cuenta de que el esfuerzo vale completamente la pena.

# La Estrategia del Efecto Bola de Nieve

La estrategia del efecto bola de nieve es una de las formas más efectivas y motivadoras para salir de deudas. Su nombre proviene de la idea de cómo una pequeña bola de nieve, al rodar colina abajo, crece y toma impulso. De la misma manera, esta técnica te ayuda a construir el impulso necesario para eliminar todas tus deudas, comenzando por las más pequeñas y avanzando hacia las más grandes. Es un enfoque simple, pero increíblemente poderoso porque combina lógica financiera con el aspecto emocional de sentir progreso rápidamente.

El primer paso para aplicar esta estrategia es hacer una lista de todas tus deudas. No importa si es un préstamo personal, una tarjeta de crédito, una deuda con un amigo o incluso un pago atrasado de servicios. Todo debe estar en esa lista. Luego, organiza esas deudas de menor a mayor, según el saldo total que debes en cada una. No te preocupes por los intereses en este momento, ya que el enfoque del efecto bola de nieve no se basa en números fríos, sino en la motivación que sentirás al ver resultados rápidos.

Una vez que tengas tu lista organizada, es hora de enfocarte en la primera deuda, la más pequeña. Aquí es donde comienza la magia. Tu objetivo será pagar esa primera deuda lo más rápido posible. Esto significa que debes destinar todos los recursos extra que tengas a esa deuda mientras sigues haciendo los pagos mínimos en las demás. Puede que tengas que reducir algunos gastos temporales, como salir a comer fuera o suscripciones innecesarias, para liberar más dinero que puedas dedicar a este propósito. La clave está en que toda tu energía financiera se concentre en esa pequeña deuda hasta eliminarla por completo.

¿Por qué empezar con la deuda más pequeña? Porque esto te da una victoria rápida, y esa sensación de logro es increíblemente poderosa. Cuando eliminas tu primera deuda, no solo te liberas de una carga financiera, sino que también te demuestras a ti mismo que es posible salir del agujero. Es un impulso emocional que te motiva a seguir adelante con las demás deudas. Además, cada vez que eliminas una deuda, ganas más dinero disponible, ya que no tienes que seguir haciendo pagos mensuales por esa cuenta.

Después de saldar la primera deuda, tomas el dinero que destinabas a ella y lo sumas al pago de la siguiente deuda más pequeña. Por ejemplo, si estabas pagando 1,000 pesos mensuales en la primera deuda y la liquidas, ahora esos 1,000 se suman al pago mínimo de la siguiente deuda en la lista. Esto significa que tu capacidad de pago crece con cada deuda que eliminas, como una bola de nieve que rueda y se hace más grande.

Es importante mantener la disciplina y no caer en la tentación de usar el dinero extra para otros gastos. Al eliminar una deuda, puedes sentir que tienes más libertad para gastar, pero recuerda que ese dinero ya tiene un propósito claro: ayudarte a salir de deudas más rápido. Visualiza cada pago como un paso más cerca de la libertad financiera.

Otro aspecto importante de esta estrategia es que te ayuda a construir una mentalidad ganadora. Cada deuda que eliminas refuerza tu confianza y te da más control sobre tu dinero. Comienzas a ver el panorama financiero con más claridad y te das cuenta de que, con un poco de esfuerzo y compromiso, puedes alcanzar cualquier meta que te propongas. No es solo una estrategia para eliminar deudas, es una forma de transformar tu relación con el dinero.

Algunos podrían argumentar que sería más lógico enfocarse primero en las deudas con los intereses más altos, y esa es otra estrategia válida, conocida como el método de la avalancha. Sin embargo, el efecto bola de nieve se basa en el impacto psicológico positivo de las pequeñas victorias. A veces, salir de deudas no se trata solo de números, sino de mantener la motivación y no rendirse en el proceso.

Por supuesto, hay momentos en los que podrías necesitar ajustar tu plan. Tal vez surja un gasto inesperado o descubras que necesitas más tiempo para pagar una deuda en particular. Esto está bien, siempre y cuando no pierdas de vista tu objetivo principal. El efecto bola de nieve es flexible, y lo más importante es que sigas avanzando, sin importar si es rápido o lento.

Finalmente, cuando llegues a la última deuda en tu lista, la más grande, tendrás todo tu poder financiero concentrado en saldarla. Para entonces, probablemente tendrás más ingresos disponibles y una gran confianza en tu capacidad para manejar tu dinero. Liquidar esa última deuda será un momento de triunfo que vale cada sacrificio que hiciste en el camino.

El efecto bola de nieve no solo te ayudará a salir de deudas, sino que también cambiará la forma en que ves tus finanzas. Aprenderás a ser más consciente de tus decisiones de gasto, a manejar tu dinero con intención y a construir un futuro sin cargas financieras. Es un proceso que requiere tiempo y esfuerzo, pero las recompensas son inmensas. La sensación de libertad y paz que obtienes al no deberle nada a nadie es algo que transforma vidas. Comienza hoy mismo, da el primer paso, y pronto verás cómo esa pequeña bola de nieve se convierte en una poderosa avalancha que cambia tu vida financiera para siempre.

# Cortando el Ciclo de Deudas

Estar atrapado en un ciclo de deudas es una de las experiencias más frustrantes y desgastantes que alguien puede vivir. Es como estar en una rueda de hámster, corriendo sin parar, pero sin avanzar realmente. Pagas una deuda, pero otra aparece. Haces un esfuerzo por salir adelante, pero un gasto inesperado te hunde nuevamente. Para muchas personas, este ciclo parece interminable, pero la buena noticia es que se puede cortar. No es fácil ni inmediato, pero con un plan claro, compromiso y cambios en los hábitos, es totalmente posible liberarse de este patrón y tomar el control de tus finanzas.

El primer paso para cortar el ciclo de deudas es reconocer cómo empezó. Las deudas no aparecen de la nada. A menudo, son el resultado de decisiones que, en su momento, parecían necesarias o incluso inofensivas. Tal vez fue un préstamo para cubrir un gasto urgente, una tarjeta de crédito que se usó más de la cuenta, o un financiamiento para algo que realmente querías pero no podías pagar en ese momento. Al identificar la raíz del problema, puedes empezar a tomar medidas para evitar que suceda nuevamente. Es un ejercicio de honestidad contigo mismo, pero es necesario si quieres hacer un cambio duradero.

Una vez que entiendes cómo llegaste al punto en el que estás, el siguiente paso es dejar de usar la deuda como una solución inmediata. Este es uno de los cambios más difíciles, porque cuando estás acostumbrado a recurrir a tarjetas de crédito o préstamos para salir de apuros, romper con esa dependencia puede generar miedo. Sin embargo, es fundamental. Si sigues acumulando más deudas mientras intentas salir de las que ya tienes, nunca avanzarás. Una forma práctica de comenzar es comprometerte a no usar tus tarjetas de crédito durante un tiempo. Guárdalas en un lugar fuera de tu alcance, o incluso congélalas literalmente en un recipiente con agua en el congelador. La idea es que, si necesitas usarlas, sea algo tan deliberado que te dé tiempo para pensarlo dos veces.

El siguiente paso es crear un fondo de emergencia, aunque sea pequeño. La mayoría de las personas caen en el ciclo de deudas porque no tienen dinero ahorrado para cubrir gastos imprevistos. Así que, en lugar de recurrir a un préstamo o una tarjeta de crédito, terminan acumulando más deuda. No necesitas empezar con una gran cantidad. Incluso ahorrar mil o dos mil pesos puede marcar una diferencia. Este pequeño colchón financiero será tu primera línea de defensa contra cualquier gasto inesperado. Cada vez que recibas ingresos adicionales, como un bono o un regalo, destina una parte a este fondo. Verás cómo, poco a poco, te sientes más preparado para enfrentar la vida sin recurrir a préstamos.

Además, es crucial aprender a decir que no. A veces, el ciclo de deudas se perpetúa porque queremos mantener un estilo de vida que no podemos costear. Queremos salir a comer, comprar ropa nueva, irnos de vacaciones o tener el último modelo de celular. Pero si realmente quieres cortar el ciclo de deudas, es necesario priorizar lo que realmente importa. Esto no significa que tengas que vivir una vida de privaciones, pero sí implica tomar decisiones conscientes sobre cómo gastas tu dinero. Pregúntate si lo que estás comprando es algo que necesitas o simplemente algo que deseas en ese momento.

Otra herramienta poderosa para cortar el ciclo de deudas es aprender a negociar. Si tienes varias deudas, no tengas miedo de hablar con tus acreedores. Muchas veces, están dispuestos a ofrecerte opciones como reducir la tasa de interés, ampliar el plazo de pago o incluso aceptar un pago único por una cantidad menor a la deuda total. No pierdes nada intentándolo, y en muchos casos, puede ser la clave para liberarte más rápido de tus compromisos financieros. Recuerda que los acreedores prefieren recibir algo de dinero antes que nada, así que aprovecha esto a tu favor.

La educación financiera también es esencial. Muchas veces, el ciclo de deudas se perpetúa porque no entendemos cómo funcionan los intereses, los cargos adicionales o las condiciones de los préstamos. Tómate el tiempo para aprender lo básico sobre finanzas personales. Hoy en día, hay muchos recursos gratuitos en internet, desde videos hasta artículos, que pueden ayudarte a entender mejor cómo manejar tu dinero. Entre más sepas, más preparado estarás para tomar decisiones financieras inteligentes y evitar caer nuevamente en la trampa de las deudas.

Finalmente, cortar el ciclo de deudas requiere paciencia. No esperes resultados inmediatos, porque salir de deudas lleva tiempo. Habrá momentos en los que sentirás que no estás avanzando lo suficiente, pero no te rindas. Cada paso que das, por pequeño que sea, es un paso hacia la libertad financiera. Recuerda que el objetivo no es solo salir de deudas, sino también aprender a vivir de manera sostenible para no volver a caer en el mismo patrón.

El proceso de cortar el ciclo de deudas es desafiante, pero también es profundamente transformador. No solo te ayudará a mejorar tu situación financiera, sino que también te dará una sensación de control y empoderamiento. Te darás cuenta de que tienes el poder de cambiar tu vida, de tomar decisiones diferentes y de construir un futuro en el que tus ingresos trabajen para ti, en lugar de estar siempre comprometidos con deudas del pasado. Este cambio es posible, y todo comienza con el compromiso de romper con el ciclo y tomar las riendas de tus finanzas.

# Aprendiendo a Decir 'No'

Decir "no" es una de las habilidades más poderosas, pero también una de las más difíciles de aprender cuando se trata de manejar nuestras finanzas. Vivimos en un mundo lleno de constantes invitaciones al consumo. Las ofertas relucientes, los descuentos por tiempo limitado, las cuotas aparentemente accesibles y las tentaciones diarias nos bombardean sin descanso. Sin embargo, aprender a decir "no" no solo significa resistirse a comprar algo que no necesitamos, sino también establecer límites claros en diferentes áreas de nuestra vida que afectan nuestro bolsillo. Decir "no" es un acto de autocuidado y control que puede transformar por completo tu relación con el dinero.

Muchas veces evitamos decir "no" porque tememos las reacciones de los demás. Quizás un amigo te invita a salir a cenar, y aunque sabes que no puedes permitirte ese gasto, te sientes culpable de rechazarlo. O tal vez un vendedor te presiona para que aceptes un servicio adicional que claramente no necesitas, pero te resulta incómodo negarte. En estas situaciones, decir "no" puede parecer incómodo al principio, pero es esencial recordar que cuidar de tus finanzas es tu responsabilidad. Nadie más lo hará por ti. Cuando aprendes a priorizar tus metas financieras por encima de las expectativas de los demás, comienzas a construir una vida basada en lo que realmente importa.

Un error común es pensar que decir "no" significa privarse de todo. No se trata de vivir una vida de austeridad extrema, sino de ser selectivo con lo que eliges gastar. Cada vez que dices "no" a algo, en realidad estás diciendo "sí" a algo más importante. Por ejemplo, si decides no comprar ese café caro todos los días, estás diciendo "sí" a ahorrar para unas vacaciones o a reducir una deuda. Si decides no aceptar ese préstamo para un nuevo celular que no necesitas, estás diciendo "sí" a mantener tu estabilidad financiera. Cambiar esta perspectiva hace que cada decisión se sienta menos como una renuncia y más como un paso hacia tus objetivos.

Decir "no" también es una forma de eliminar compras impulsivas. ¿Cuántas veces has comprado algo porque parecía una buena oferta o porque te hizo sentir bien en el momento, solo para darte cuenta después de que no lo necesitabas? La clave está en pausar y reflexionar antes de gastar. Hazte preguntas como: ¿Realmente necesito esto? ¿Puedo pagarlo sin comprometer otras prioridades? ¿Cómo me sentiré al respecto en una semana o un mes? Tomarte unos minutos para considerar estas cuestiones puede evitar que gastes dinero en cosas que no agregan valor real a tu vida.

Aprender a decir "no" no solo se aplica a tus gastos personales, sino también a los compromisos financieros que asumes por otros. A veces, amigos o familiares pueden pedirte que los ayudes económicamente, y aunque tu intención es buena, debes ser consciente de tus propias limitaciones. Ayudar a alguien no significa poner en riesgo tu estabilidad financiera. Es válido ofrecer apoyo emocional, orientación o buscar alternativas juntos, pero no tienes la obligación de endeudarte para resolver problemas ajenos. Decir "no" en estas situaciones no te hace una mala persona; te hace alguien responsable que entiende que no puede dar lo que no tiene.

Una estrategia útil para aprender a decir "no" es practicar respuestas claras y amables. Por ejemplo, si alguien te invita a algo que está fuera de tu presupuesto, puedes decir: "Gracias por invitarme, pero estoy cuidando mis finanzas en este momento. Tal vez podamos hacer algo más sencillo juntos". Esta respuesta no solo comunica tu decisión, sino que también abre la puerta a opciones alternativas que no comprometan tus metas. Ser honesto sobre tus prioridades no solo es válido, sino también admirable, y puede inspirar a otros a hacer lo mismo.

Otro aspecto importante es aprender a decir "no" a ti mismo. A menudo, somos nuestros peores enemigos cuando se trata de gastar de más. Nos convencemos de que merecemos un capricho porque trabajamos duro, porque estamos estresados o simplemente porque queremos algo. Si bien no hay nada de malo en darse gustos de vez en cuando, es fundamental hacerlo de manera planificada y consciente. Pregúntate si ese gasto realmente encaja en tu presupuesto y si está alineado con tus metas a largo plazo. Practicar la autodisciplina no es fácil, pero con el tiempo se convierte en un hábito que fortalece tu control sobre el dinero.

Recuerda también que decir "no" es un acto temporal. No estás diciendo "no" para siempre, solo estás posponiendo ciertos gastos o decisiones hasta que tengas la capacidad de manejarlos sin estrés. Por ejemplo, tal vez ahora no puedes permitirte un viaje caro, pero al decir "no" hoy, te estás dando la oportunidad de ahorrar y disfrutarlo plenamente en el futuro. Este enfoque te ayuda a mantener la motivación y a evitar caer en la trampa de creer que siempre tendrás que sacrificarte.

Finalmente, no olvides que cada vez que dices "no", estás reafirmando tu compromiso contigo mismo y con tus metas financieras. Es un recordatorio de que estás tomando el control de tu vida, en lugar de dejar que el dinero te controle a ti. Al principio, puede parecer difícil y hasta incómodo, pero con el tiempo te darás cuenta de que cada "no" que dices con intención y claridad te acerca un paso más hacia la libertad financiera. Y esa libertad no tiene precio.

# El Peligro Oculto de las Tarjetas de Crédito

Las tarjetas de crédito parecen una herramienta increíble. Nos ofrecen la posibilidad de comprar algo hoy y pagarlo después, casi como si fueran un amigo que siempre está ahí para prestarnos dinero en el momento que lo necesitamos. Pero detrás de esa comodidad y facilidad de uso, se esconde un peligro oculto que muchas personas no ven hasta que ya es demasiado tarde. Entender cómo funcionan realmente las tarjetas de crédito y cómo pueden convertirse en una trampa financiera es clave para proteger tu bolsillo y tu tranquilidad.

El problema principal con las tarjetas de crédito es que nos hacen sentir como si tuviéramos más dinero del que realmente tenemos. Cada vez que deslizas tu tarjeta para pagar algo, no estás usando dinero que ya tienes, sino dinero prestado. Y como no sientes el impacto inmediato de gastar, es fácil caer en la tentación de comprar cosas que, de otro modo, no habrías adquirido. Es un gasto que parece invisible, pero que eventualmente se hace muy real cuando llega el estado de cuenta.

Las tarjetas de crédito también están diseñadas para incentivarte a gastar más. Los programas de recompensas, los puntos acumulables y los descuentos exclusivos son estrategias cuidadosamente pensadas para que uses tu tarjeta con más frecuencia. Aunque pueden sonar como beneficios atractivos, la realidad es que la mayoría de las personas no logra aprovechar esas recompensas de manera efectiva. En cambio, terminan pagando mucho más en intereses y cargos de lo que reciben a cambio.

Uno de los mayores peligros es el interés. Muchas personas no entienden realmente cómo funcionan los intereses en las tarjetas de crédito. Si no pagas el saldo total de tu tarjeta al final del mes, el banco comenzará a cobrarte intereses sobre el dinero que debes. Y esos intereses no son bajos. De hecho, las tasas de interés de las tarjetas de crédito suelen ser algunas de las más altas en comparación con otros tipos de deuda. Esto significa que lo que parecía una pequeña compra puede terminar costándote mucho más con el tiempo. Por ejemplo, algo que compraste por cien dólares puede terminar costándote ciento cincuenta o más si solo haces pagos mínimos mes tras mes.

Los pagos mínimos son otra trampa peligrosa. Muchas personas creen que mientras hagan el pago mínimo cada mes, están manejando bien su tarjeta de crédito. Pero esto no es cierto. Los pagos mínimos están diseñados para alargar la vida de la deuda, de modo que el banco pueda cobrarte intereses por más tiempo. Si solo pagas el mínimo, te tomará años liquidar incluso una cantidad relativamente pequeña, y terminarás pagando mucho más de lo que originalmente debías. Es una estrategia que beneficia al banco, no a ti.

Además, el uso excesivo de las tarjetas de crédito puede afectar negativamente tu salud financiera en general. Cuando tus deudas de tarjeta de crédito se acumulan, se vuelve más difícil cubrir tus gastos básicos y ahorrar para tus metas a largo plazo. También puede generar estrés y ansiedad, ya que siempre tienes esa carga pendiente en el fondo de tu mente. Este estrés puede afectar no solo tus finanzas, sino también tu bienestar emocional y tus relaciones personales.

Por si fuera poco, las tarjetas de crédito también pueden poner en riesgo tu estabilidad en emergencias. Si usas la mayor parte de tu límite disponible para gastos cotidianos, es posible que no tengas suficiente espacio en la tarjeta para cubrir un gasto inesperado cuando realmente lo necesites. Esto puede llevarte a depender de otras formas de deuda más costosas o a quedarte sin opciones en momentos críticos.

Entonces, ¿qué puedes hacer para evitar caer en los peligros ocultos de las tarjetas de crédito? Primero, utiliza las tarjetas de crédito solo si puedes pagar el saldo completo al final de cada mes. Esto te permite aprovechar los beneficios de las tarjetas, como la conveniencia y la seguridad, sin acumular intereses. Si sabes que no puedes pagar el saldo completo, es mejor evitar usar la tarjeta por completo y optar por efectivo o débito.

También es importante establecer límites claros para ti mismo. Solo porque tienes un límite de crédito alto no significa que debas usarlo. Define cuánto puedes gastar de manera responsable y mantente dentro de ese límite, incluso si la tarjeta te permite gastar más. Este control personal es crucial para evitar endeudarte innecesariamente.

Otro consejo es mantener un registro de tus gastos. Anota cada compra que haces con tu tarjeta de crédito, tal como lo harías si estuvieras pagando en efectivo. Esto te ayuda a ser más consciente de cómo estás utilizando la tarjeta y a evitar gastos impulsivos. Si prefieres las herramientas digitales, hay muchas aplicaciones que pueden ayudarte a hacer un seguimiento de tus gastos y mantenerte dentro de tu presupuesto.

Por último, recuerda que las tarjetas de crédito no son malas por sí mismas. Son herramientas que pueden ser útiles si se usan de manera inteligente y disciplinada. Pero es esencial comprender que las tarjetas de crédito están diseñadas para generar ganancias para los bancos, no para ayudarte a ahorrar dinero. Si eres consciente de esto y manejas tus tarjetas con cuidado, puedes evitar los peligros ocultos y mantener tus finanzas bajo control.

El verdadero poder de una tarjeta de crédito está en cómo decides usarla. Si tomas decisiones conscientes y responsables, puedes evitar caer en las trampas que atrapan a tantas personas. Pero si las usas sin pensar, las tarjetas de crédito pueden convertirse en un lastre que te aleje de tus metas financieras. La clave está en ser honesto contigo mismo sobre tus hábitos de gasto y en tomar el control de tus finanzas antes de que las deudas lo hagan por ti.

# Negociar y Renegociar Deudas

Cuando tienes deudas, una de las herramientas más poderosas que puedes usar para aliviar la presión es la negociación. Sin embargo, mucha gente no se da cuenta de que, al contrario de lo que creen, no es necesario aceptar siempre las condiciones originales de una deuda. Muchas veces, los prestamistas están dispuestos a negociar y renegociar los términos para hacer que el pago sea más accesible, lo que te permitirá salir de la deuda con mayor rapidez y menos estrés.

Lo primero que debes entender es que, cuando tienes una deuda, no eres una víctima impotente. Tienes el derecho de negociar. Los prestamistas prefieren que les pagues, incluso si eso significa hacer ajustes en las condiciones, que perderte como cliente y no recibir nada. Además, si no puedes cumplir con los pagos según los términos originales, es más probable que llegues a un acuerdo si te comunicas antes de que el problema se convierta en algo más grave. Si no hablas, lo único que hará el prestamista es seguir enviándote recordatorios de pago, lo que solo aumentará tu estrés y las penalizaciones.

El primer paso para negociar o renegociar una deuda es hacer un análisis claro de tu situación financiera. Antes de comunicarte con tus prestamistas, es crucial que tengas una visión completa de tus ingresos, tus gastos, y la cantidad de deuda que tienes. Esto te dará un punto de partida sólido para discutir una solución que sea factible para ti. Si tienes varios préstamos, como tarjetas de crédito, préstamos personales o de auto, asegúrate de conocer los detalles de cada uno: las tasas de interés, el saldo pendiente, las fechas de vencimiento y las penalizaciones. Cuanto más preparado estés, más fácil será mostrar que estás comprometido a resolver la situación.

Cuando tengas toda esta información, el siguiente paso es contactar a tus prestamistas. Puedes comenzar con una llamada telefónica, pero a menudo es más efectivo hacerlo por escrito, ya que quedará un registro de la comunicación. En tu mensaje, sé honesto acerca de tu situación. No es necesario entrar en detalles personales, pero sí debes explicar claramente por qué no puedes seguir pagando según las condiciones originales. La mayoría de las veces, los prestamistas preferirán trabajar contigo para encontrar una solución que te permita seguir pagando. Es importante que muestres disposición a cumplir con el pago, aunque sea en términos diferentes a los establecidos inicialmente. El simple hecho de que busques una solución demuestra tu compromiso y eso puede motivar al prestamista a trabajar contigo.

A la hora de negociar, hay varias opciones que puedes considerar, dependiendo de tu situación. Una de las más comunes es solicitar una reducción en la tasa de interés. Si tus pagos se han vuelto insoportables debido a los altos intereses, explicar esto puede llevar a que el prestamista esté dispuesto a ofrecerte una tasa más baja. En algunos casos, si tienes una buena historia de pagos, aunque haya problemas temporales, el prestamista podría estar dispuesto a hacer ajustes, ya que preferirá recibir algo de dinero en lugar de nada.

Otra opción es pedir un aplazamiento o una extensión del plazo de pago. Si el problema es que no puedes hacer los pagos mensuales en la fecha prevista, puedes solicitar una extensión, lo que permitirá que los pagos se distribuyan en un periodo más largo. Esto puede ayudarte a reducir la cantidad que debes pagar cada mes, lo que hará que sea más manejable. Sin embargo, es importante tener en cuenta que este tipo de acuerdos pueden generar más intereses a largo plazo, por lo que es algo que debes considerar cuidadosamente.

Si tienes varias deudas, también puedes negociar un acuerdo para consolidarlas en un solo pago. Esto puede ser útil si tienes varias deudas con diferentes prestamistas y las tasas de interés son altas. A menudo, los prestamistas están dispuestos a unificar las deudas para que puedas hacer un solo pago mensual a una tasa de interés más baja. Aunque esto no elimina la deuda, puede hacer que los pagos sean más fáciles de gestionar.

En algunos casos, puede ser posible negociar una quita, especialmente si tienes una deuda muy grande y has estado luchando durante mucho tiempo. Una quita significa que el prestamista acepta perdonar una parte de la deuda, reduciendo el monto total que debes. Si eliges esta opción, es importante que tengas claro si es la mejor para ti, ya que algunos acuerdos de quita pueden afectar tu historial crediticio. Asegúrate de entender las consecuencias antes de tomar esta decisión.

Una de las claves para negociar con éxito es ser firme pero respetuoso. La negociación no es una confrontación, es una conversación. Si bien es importante que defiendas tus intereses, también debes mostrar disposición a encontrar una solución que beneficie a ambas partes. A veces, los prestamistas simplemente necesitan sentirse cómodos con el hecho de que estás tomando medidas para resolver el problema. Si te muestras dispuesto a comprometerte, es más probable que acepten tus propuestas.

Otro punto importante en el proceso de negociación es no tener miedo de seguir intentando si no obtienes una respuesta favorable de inmediato. Si no puedes llegar a un acuerdo con tu prestamista o si las condiciones que ofrecen no te parecen adecuadas, no dudes en buscar ayuda profesional. Existen empresas de asesoría financiera y abogados especializados que pueden ayudarte a negociar deudas. Estos profesionales conocen los procedimientos y las leyes que pueden beneficiar tu caso, lo que puede hacer que el proceso de negociación sea más fácil y exitoso.

Finalmente, es esencial que sigas el plan acordado una vez que llegues a un acuerdo. Si logras una nueva fecha de pago, una tasa de interés más baja o un plazo más largo, es crucial que cumplas con esos nuevos términos. El incumplimiento de un acuerdo puede dañar tu reputación financiera y complicar aún más tu situación. Si por alguna razón no puedes cumplir con el nuevo acuerdo, comunícalo a tus prestamistas lo antes posible. La honestidad y la comunicación continua son esenciales para mantener una relación positiva y evitar que la deuda vuelva a crecer.

Negociar y renegociar tus deudas no es un proceso fácil, pero es una herramienta poderosa que te ayudará a recuperar el control de tu situación financiera. Al tomar la iniciativa y trabajar directamente con tus prestamistas, puedes encontrar soluciones viables que te permitan pagar tus deudas sin sentir que te ahogas. La clave está en ser proactivo, estar preparado y no rendirse hasta encontrar una solución que funcione para ti.

# Construyendo un Fondo de Emergencia

Un fondo de emergencia es como un salvavidas financiero. Es el dinero que guardas específicamente para situaciones inesperadas, como una emergencia médica, la pérdida de un empleo o una reparación urgente en tu hogar. Tener un fondo de emergencia puede marcar la diferencia entre enfrentar un contratiempo con tranquilidad o caer en un ciclo de deudas para cubrir gastos imprevistos. Es una herramienta esencial para cualquier persona que quiera tener una vida financiera más estable y menos estresante.

Construir un fondo de emergencia puede parecer intimidante al principio, especialmente si estás lidiando con deudas o si tu presupuesto ya está ajustado. Pero la buena noticia es que no necesitas empezar con una gran cantidad de dinero. Lo importante es dar el primer paso y comprometerte a hacerlo crecer con el tiempo. Incluso una pequeña cantidad puede marcar una gran diferencia en el futuro. Piensa en esto como un proyecto a largo plazo, no algo que tienes que completar de inmediato.

El primer paso para construir un fondo de emergencia es establecer una meta clara. ¿Cuánto necesitas ahorrar? Los expertos suelen recomendar tener de tres a seis meses de gastos básicos en tu fondo de emergencia. Esto incluye cosas como la renta o hipoteca, servicios públicos, comida, transporte y cualquier otro gasto esencial. Si esto te parece inalcanzable en este momento, no te preocupes. Puedes empezar con una meta más pequeña, como ahorrar lo suficiente para cubrir un mes de gastos. Una vez que alcances esa meta, puedes establecer una nueva, y así sucesivamente.

Una vez que tengas una meta en mente, es hora de encontrar maneras de comenzar a ahorrar. Esto requiere hacer un análisis honesto de tus ingresos y gastos. Examina tu presupuesto actual y busca áreas donde puedas recortar gastos. Tal vez puedas reducir la cantidad que gastas en comer fuera, cancelar suscripciones que no usas o encontrar alternativas más económicas para ciertos servicios. Cada peso que ahorres puede ir directamente a tu fondo de emergencia. Es posible que tengas que hacer algunos sacrificios a corto plazo, pero recuerda que esto es una inversión en tu tranquilidad y seguridad financiera.

Otro consejo útil es tratar tu fondo de emergencia como una prioridad, no como algo opcional. Muchas personas cometen el error de pensar en el ahorro como algo que solo harán si sobra dinero al final del mes. El problema con este enfoque es que rara vez sobra dinero, especialmente si no tienes un plan claro. En lugar de eso, establece un monto fijo que destinarás a tu fondo de emergencia cada vez que recibas un ingreso, ya sea semanal, quincenal o mensual. Puedes automatizar este proceso configurando transferencias automáticas a una cuenta de ahorros separada. De esta manera, el dinero se ahorra antes de que tengas la tentación de gastarlo.

Es importante que elijas el lugar adecuado para guardar tu fondo de emergencia. Este dinero debe estar fácilmente accesible en caso de que lo necesites, pero no tan accesible como para tentarte a usarlo para gastos innecesarios. Una cuenta de ahorros separada es una buena opción, especialmente si no está vinculada a tu tarjeta de débito. Algunas personas incluso eligen abrir una cuenta en un banco diferente para reducir la tentación de transferir el dinero a su cuenta principal. La clave es encontrar un equilibrio entre accesibilidad y protección.

Mientras construyes tu fondo de emergencia, recuerda que este dinero no es para compras impulsivas ni para cubrir gastos que podrías haber planeado con anticipación. Por ejemplo, no deberías usar tu fondo de emergencia para comprar regalos de cumpleaños o pagar unas vacaciones. Este dinero está reservado únicamente para situaciones inesperadas y urgentes. Para otras metas, como vacaciones o compras grandes, puedes crear un fondo de ahorro separado.

Una de las mejores maneras de hacer crecer tu fondo de emergencia es buscar formas adicionales de generar ingresos. Esto podría significar tomar un trabajo adicional, vender cosas que ya no necesitas o monetizar un pasatiempo. Cada peso extra que ganes puede acelerar el proceso y ayudarte a alcanzar tu meta más rápido. Aunque esto requiere esfuerzo, piensa en cómo te sentirás cuando tengas ese colchón financiero listo para protegerte en caso de cualquier emergencia.

Es probable que encuentres obstáculos en el camino. Tal vez tengas un mes difícil en el que no puedas ahorrar tanto como quisieras, o incluso un mes en el que tengas que usar parte de tu fondo para una emergencia real. No te desanimes. Lo importante es volver a tu plan tan pronto como sea posible y seguir ahorrando. Construir un fondo de emergencia no es un proceso perfecto, pero cada pequeño esfuerzo cuenta.

Finalmente, una vez que hayas alcanzado tu meta, no olvides revisarla periódicamente. Tus necesidades financieras pueden cambiar con el tiempo, especialmente si tu situación laboral, familiar o de vivienda evoluciona. Tal vez descubras que necesitas aumentar tu fondo de emergencia para cubrir gastos más altos o para adaptarte a nuevos riesgos. Mantener este fondo actualizado es una parte importante de tu estrategia financiera.

Construir un fondo de emergencia requiere paciencia, disciplina y compromiso, pero el resultado vale la pena. Tener ese dinero reservado te dará una sensación de seguridad y control que es difícil de medir. Saber que puedes enfrentar lo inesperado sin depender de tarjetas de crédito o préstamos será un gran alivio. Este fondo no solo protege tus finanzas, sino también tu bienestar emocional, permitiéndote vivir con menos estrés y más confianza en el futuro.

# Evitando los Créditos Trampa

Los créditos pueden parecer la solución mágica para muchos de nuestros problemas financieros. Cuando necesitamos dinero rápido, es tentador aceptar cualquier oferta que nos prometa cubrir nuestras necesidades de inmediato. Sin embargo, no todos los créditos son iguales, y algunos pueden convertirse en verdaderas trampas que nos hunden aún más en la deuda en lugar de ayudarnos a salir de ella. Aprender a identificar y evitar estos créditos trampa es una habilidad esencial para proteger nuestras finanzas y nuestra tranquilidad.

Los créditos trampa suelen presentarse como opciones fáciles y accesibles, pero detrás de las promesas atractivas hay condiciones que pueden ser muy desfavorables. Estos créditos suelen tener intereses extremadamente altos, comisiones ocultas o términos que no siempre se explican claramente. Al principio, pueden parecer una solución viable, pero a largo plazo, terminan costando mucho más de lo que valen. Es importante recordar que las empresas que ofrecen estos créditos no están pensando en tu bienestar; su objetivo principal es maximizar sus ganancias, incluso si eso significa aprovecharse de tu urgencia o falta de información.

Uno de los primeros signos de un crédito trampa es una tasa de interés desproporcionadamente alta. Por ejemplo, muchas tarjetas de crédito o préstamos personales rápidos tienen tasas de interés que pueden superar el 50 por ciento anual. Esto significa que, si pides un préstamo pequeño, terminarás pagando mucho más en intereses que el monto original. Aunque los pagos mensuales puedan parecer manejables, a menudo están diseñados para mantenerte pagando durante años, sin reducir significativamente el saldo principal. Esto crea una sensación de estancamiento que puede ser frustrante y difícil de superar.

Otro aspecto común de los créditos trampa son las comisiones ocultas. Muchas veces, estos cargos no se explican claramente cuando firmas el contrato. Pueden incluir costos por apertura de crédito, penalizaciones por pago anticipado o incluso seguros que no solicitaste. Estas comisiones aumentan el costo total del crédito y hacen que sea más difícil pagarlo.

Antes de aceptar cualquier oferta, es crucial leer los términos y condiciones con detenimiento. Si algo no está claro, pide explicaciones o busca asesoría antes de comprometerte.

Algunas empresas también utilizan tácticas de mercadeo agresivas para convencerte de que necesitas un crédito que en realidad podrías evitar. Frases como "sin requisitos", "aprobación inmediata" o "sin revisar tu historial crediticio" son atractivas, pero suelen ser una señal de advertencia. Estos créditos están diseñados para personas que pueden estar desesperadas o que tienen pocas opciones, y las empresas lo saben. Por eso, es fundamental tomarte el tiempo para evaluar si realmente necesitas ese dinero y si puedes devolverlo sin comprometer tus finanzas.

Una buena regla general para evitar caer en créditos trampa es nunca tomar decisiones impulsivas. Si estás considerando un crédito, tómate al menos 24 horas para analizarlo con calma. Investiga otras opciones y compáralas. Pregúntate si el crédito es realmente necesario o si puedes resolver tu situación de otra manera.

Muchas veces, la presión de la inmediatez nos lleva a tomar decisiones que lamentamos más adelante.

También es importante entender la diferencia entre un crédito necesario y uno innecesario. Un crédito necesario podría ser aquel que utilizas para una emergencia médica o para reparar algo esencial, como tu auto o el sistema eléctrico de tu hogar. En cambio, un crédito innecesario es aquel que usas para comprar cosas que no son urgentes o que podrías ahorrar para adquirir más adelante, como un teléfono nuevo o unas vacaciones. Aprender a distinguir entre estos tipos de necesidades puede ayudarte a evitar endeudarte sin motivo.

Si decides que un crédito es tu mejor opción, asegúrate de elegir uno con términos justos. Busca tasas de interés bajas y plazos razonables que te permitan pagar sin poner en riesgo tu estabilidad financiera. Además, verifica la reputación de la entidad que ofrece el crédito. Investiga opiniones y experiencias de otros clientes para asegurarte de que es una empresa confiable. Nunca firmes un contrato sin entender completamente las condiciones, y no tengas miedo de hacer preguntas.

Otra estrategia clave para evitar créditos trampa es fortalecer tu fondo de emergencia y tus ahorros. Cuanto más preparado estés para enfrentar imprevistos, menos dependerás de los créditos para resolverlos. Aunque construir un fondo de emergencia lleva tiempo, es una de las mejores formas de protegerte de las trampas financieras. Cada peso que ahorres ahora es un peso menos que tendrás que pedir prestado en el futuro.

Recuerda que los créditos no son inherentemente malos. Pueden ser herramientas útiles cuando se usan de manera responsable y con pleno conocimiento de sus condiciones. Sin embargo, es crucial mantener una actitud crítica y estar siempre alerta ante ofertas que parezcan demasiado buenas para ser verdad. Si algo parece fácil y rápido, probablemente hay un costo oculto que necesitas descubrir antes de comprometerte.

La educación financiera es tu mejor defensa contra los créditos trampa. Mientras más sepas sobre cómo funcionan los préstamos, las tasas de interés y las comisiones, más fácil será identificar las ofertas engañosas. Invertir tiempo en aprender sobre estos temas puede ahorrarte mucho dinero y estrés en el futuro. Siempre recuerda que la deuda no debe ser una carga que te hunda, sino una herramienta que, si es absolutamente necesaria, debes manejar con cuidado y sabiduría.

# La Psicología del Dinero

El dinero, más allá de ser un medio de intercambio, tiene un impacto profundo en nuestra mente y emociones. La relación que tenemos con el dinero no se forma únicamente por las cifras que aparecen en nuestra cuenta bancaria, sino por las creencias, experiencias y hábitos que hemos acumulado a lo largo de nuestra vida. Comprender la psicología del dinero es esencial para manejarlo de manera inteligente y evitar que controle nuestra vida.

Desde pequeños, absorbemos mensajes sobre el dinero de quienes nos rodean, especialmente de nuestras familias. Si creciste en un hogar donde el dinero siempre era un tema de preocupación, es posible que asocies las finanzas con estrés y ansiedad. Por otro lado, si en tu entorno se hablaba del dinero como algo abundante y fácil de conseguir, es probable que tengas una relación más relajada con él. Estas percepciones iniciales se convierten en creencias profundamente arraigadas que afectan la forma en que gastamos, ahorramos o incluso cómo nos sentimos al respecto.

Una de las creencias más comunes es que el dinero es la raíz de todos los problemas o la solución mágica a todos ellos. Ambos extremos son peligrosos. Si crees que el dinero es algo inherentemente malo, podrías sabotear inconscientemente tus propias oportunidades para obtenerlo. Por otro lado, si piensas que el dinero resolverá todos tus problemas, podrías perseguirlo a costa de tu felicidad y bienestar. La clave está en verlo como una herramienta neutral: ni bueno ni malo, simplemente un medio para alcanzar objetivos específicos.

El dinero también está profundamente relacionado con nuestras emociones. Muchas personas gastan dinero para llenar vacíos emocionales o como una forma de escapar del estrés. Es común ver a alguien comprar cosas que no necesita simplemente porque está pasando por un mal momento. Aunque esa compra puede brindar una sensación momentánea de satisfacción, no resuelve el problema subyacente y, a menudo, crea uno nuevo: deuda innecesaria. Aprender a identificar cuándo estás usando el dinero como un paliativo emocional es un paso crucial hacia una relación más saludable con tus finanzas.

Otro aspecto psicológico del dinero es cómo nos afecta socialmente. Vivimos en una sociedad que, en muchos casos, mide el éxito en función de los bienes materiales. Esto puede llevarnos a gastar más de lo que tenemos para mantener una imagen que no necesariamente refleja nuestra realidad. Las redes sociales, por ejemplo, exacerban esta presión al mostrarnos constantemente imágenes de vidas aparentemente perfectas llenas de lujos. Es importante recordar que las apariencias no siempre cuentan toda la historia, y que muchas de esas personas podrían estar luchando con deudas o inseguridades financieras detrás de escena.

Un error común es pensar que, si tuvieras más dinero, todos tus problemas desaparecerían. Aunque tener estabilidad económica puede aliviar muchas preocupaciones, no garantiza automáticamente la felicidad. Hay personas con ingresos modestos que llevan vidas plenas y felices, mientras que otras con grandes fortunas experimentan altos niveles de estrés y soledad. Esto demuestra que la satisfacción personal proviene más de cómo gestionamos nuestras finanzas y nuestra vida en general, que del monto exacto que ganamos.

Para cambiar tu relación con el dinero, es fundamental comenzar por analizar tus hábitos financieros actuales y las emociones asociadas a ellos. Pregúntate por qué gastas en ciertas cosas o por qué evitas enfrentarte a tus deudas. Este tipo de introspección puede revelar patrones que no habías notado antes y que podrían estar obstaculizando tu progreso. Una vez que entiendas estos patrones, puedes trabajar en reemplazarlos por hábitos más saludables.

La educación financiera también juega un papel crucial en la psicología del dinero. Muchas de las malas decisiones que tomamos con nuestras finanzas provienen de la falta de conocimiento. Entender conceptos básicos como tasas de interés, presupuestos y planificación a largo plazo puede transformar tu relación con el dinero y darte una sensación de control que quizás nunca antes habías experimentado.

Un ejercicio útil es definir lo que el dinero significa para ti. ¿Es seguridad, libertad, poder o algo completamente diferente? Esta reflexión puede ayudarte a alinear tus metas financieras con tus valores personales. Por ejemplo, si el dinero representa seguridad para ti, trabajar en construir un fondo de emergencia puede ser una prioridad. Si representa libertad, reducir tus deudas puede darte la paz mental que necesitas para perseguir tus sueños.

El dinero también nos enseña sobre la importancia del equilibrio. Gastar todo lo que ganas sin pensar en el futuro puede llevarte a una crisis financiera, pero ahorrar cada centavo y no permitirte disfrutar de la vida también puede generar frustración y estrés. Encontrar un punto medio, donde puedas cubrir tus necesidades, ahorrar para el futuro y darte pequeños gustos, es esencial para mantener una relación saludable con tus finanzas.

Por último, recuerda que la psicología del dinero no se trata solo de números o estrategias, sino de cómo te sientes y piensas respecto a tus recursos financieros.

Cambiar tu mentalidad hacia el dinero no sucede de la noche a la mañana, pero con paciencia y determinación puedes transformar la forma en que manejas tus finanzas y, en última instancia, tu calidad de vida. El dinero no debe ser un peso ni un fin en sí mismo, sino una herramienta que utilizas para construir la vida que deseas.

# Educando a la Familia Sobre el Dinero

Hablar de dinero en familia puede parecer incómodo o innecesario, pero es uno de los temas más importantes que podemos compartir con nuestros seres queridos. Educar a la familia sobre el dinero no solo ayuda a prevenir errores financieros, sino que también fortalece los lazos familiares al crear una cultura de apoyo y comprensión. Aunque muchas personas evitan estos temas por temor a discusiones o porque piensan que los niños no entenderán, la verdad es que nunca es demasiado temprano ni demasiado tarde para empezar.

El primer paso para educar a la familia sobre el dinero es ser honesto sobre nuestra propia relación con las finanzas. Esto no significa compartir cada detalle de tu cuenta bancaria, sino explicar de forma sencilla cómo manejas tu dinero, las lecciones que has aprendido y los errores que has cometido. Este tipo de transparencia puede ser una gran enseñanza para los miembros de la familia, especialmente para los niños, que suelen aprender observando. Si te ven organizando un presupuesto, ahorrando o evitando gastos impulsivos, estarán más inclinados a adoptar esos hábitos en su propia vida.

Es fundamental adaptar la conversación al nivel de comprensión de cada miembro de la familia. Con los niños pequeños, por ejemplo, puedes empezar enseñándoles conceptos básicos como el valor del dinero y la diferencia entre deseos y necesidades. Algo tan simple como darles una alcancía y animarlos a ahorrar para algo que realmente quieren puede ser una lección poderosa. Explicarles que el dinero no crece en los árboles, pero que con paciencia y esfuerzo pueden lograr sus metas, les da una perspectiva valiosa desde una edad temprana.

Con los adolescentes, las conversaciones pueden volverse más específicas y prácticas. Este es un buen momento para hablar sobre la importancia de un presupuesto, cómo funcionan las tarjetas de crédito y los intereses, y por qué es vital ahorrar para emergencias. También puedes enseñarles sobre el costo real de las cosas, desde la matrícula universitaria hasta los gastos básicos de vivir por su cuenta. Darles la oportunidad de gestionar una pequeña cantidad de dinero, como su mesada o el dinero que ganen en un trabajo de medio tiempo, es una forma excelente de que practiquen la responsabilidad financiera en un entorno seguro.

Involucrar a tu pareja en la educación financiera también es clave. Muchas veces, las parejas evitan hablar de dinero porque puede ser un tema de conflicto. Sin embargo, cuando ambos están alineados en sus metas financieras, es más fácil trabajar juntos para lograrlas. Hablen abiertamente sobre sus ingresos, deudas, prioridades y sueños. Decidan juntos cómo manejar los gastos compartidos y cómo abordar las metas a largo plazo, como ahorrar para una casa, la educación de los hijos o la jubilación. La comunicación clara y regular sobre el dinero puede prevenir malentendidos y fortalecer la relación.

Un aspecto importante de educar a la familia sobre el dinero es enseñarles a dar valor a las cosas. Vivimos en una sociedad donde el consumo excesivo es la norma, y muchas veces compramos cosas que no necesitamos simplemente porque están de moda o porque queremos impresionar a otros. Enseñar a tu familia a distinguir entre lo que realmente les aporta valor y lo que es simplemente un gasto innecesario puede marcar una gran diferencia en sus hábitos financieros. Esto no significa privarse de todo, sino aprender a gastar conscientemente en lo que realmente importa.

También es importante abordar el tema de los errores financieros. Todos los cometemos en algún momento, y es fundamental que la familia entienda que los errores no son el fin del mundo, sino oportunidades para aprender. Comparte tus propias experiencias y cómo las superaste. Si un miembro de la familia enfrenta problemas financieros, en lugar de juzgarlo, ofrécele apoyo y orientación. Esto crea un entorno donde todos se sienten cómodos hablando de dinero, lo que facilita la educación y el aprendizaje.

Otro punto clave es establecer metas financieras familiares. Esto puede ser algo tan grande como ahorrar para unas vacaciones o algo más sencillo como reducir el gasto en comidas fuera de casa. Involucra a todos en el proceso, desde los más pequeños hasta los adultos. Esto no solo les enseña la importancia de planificar y trabajar juntos, sino que también refuerza el sentido de unidad y propósito dentro de la familia.

Por último, aprovecha los recursos disponibles para facilitar la educación financiera. Hay libros, juegos, aplicaciones y videos diseñados específicamente para enseñar sobre el dinero de una manera divertida y accesible. Incorporar estos recursos en la rutina familiar puede hacer que el aprendizaje sea más interactivo y menos intimidante. Además, mostrar que tú también estás dispuesto a seguir aprendiendo sobre finanzas refuerza el mensaje de que la educación financiera es un proceso continuo.

Educar a la familia sobre el dinero no es algo que se haga de la noche a la mañana, pero los resultados valen la pena. Una familia que entiende y respeta el valor del dinero está mejor preparada para enfrentar desafíos financieros, tomar decisiones inteligentes y construir un futuro más estable y feliz. Al final, no se trata solo de cifras, sino de los valores y hábitos que transmitirás a las siguientes generaciones. Al enseñarles sobre dinero, también estás dándoles herramientas para llevar una vida más plena y significativa.

# La Importancia de Generar Ingresos Adicionales

En la vida cotidiana, dependemos de los ingresos para satisfacer nuestras necesidades y, con suerte, para darnos algunos gustos. Sin embargo, muchas veces vivimos al límite de lo que ganamos, esperando que no surja un gasto imprevisto que rompa nuestro presupuesto. Generar ingresos adicionales puede parecer algo opcional o solo necesario en casos de emergencia, pero la verdad es que es una práctica que puede cambiar nuestra estabilidad financiera y nuestra perspectiva de futuro. Más ingresos significan más opciones, más seguridad y, sobre todo, más libertad.

La idea de generar ingresos adicionales puede sonar abrumadora al principio. Tal vez pienses que no tienes tiempo, que ya estás demasiado ocupado con tu trabajo principal o que no tienes habilidades que puedas monetizar. Pero lo cierto es que, con un poco de creatividad y determinación, hay muchas formas de crear nuevas fuentes de ingreso sin comprometer demasiado tu vida actual. No se trata de trabajar más, sino de trabajar de forma más inteligente, utilizando tus talentos, pasiones y recursos disponibles.

Una de las razones más importantes para generar ingresos adicionales es crear un colchón financiero. Vivir al día puede ser estresante, especialmente si cada vez que llega un gasto inesperado, como una reparación del coche o una emergencia médica, sientes que tu mundo se desmorona. Los ingresos extra te permiten ahorrar más rápido y tener una mayor sensación de control sobre tu vida. Un fondo de ahorro sólido no solo es tranquilizador, sino que también te da la capacidad de enfrentar cualquier imprevisto sin endeudarte.

Otro beneficio clave es la posibilidad de reducir deudas. Si tienes préstamos, tarjetas de crédito u otras obligaciones financieras, los ingresos adicionales pueden acelerar el proceso de pago. Imagina cómo sería tu vida sin la carga de las deudas. Cada peso adicional que ganes puede ir directo a eliminar esos saldos pendientes, acercándote a la libertad financiera y ahorrándote dinero en intereses a largo plazo.

Además, los ingresos adicionales pueden ser la clave para alcanzar metas personales que de otra manera parecerían imposibles. Tal vez siempre has querido viajar, comprar una casa, invertir en tu educación o incluso comenzar tu propio negocio. Con tu ingreso principal apenas alcanzando para cubrir los gastos básicos, esas metas pueden parecer lejanas. Pero con una fuente de ingresos extra, cada esfuerzo te acerca un poco más a lo que realmente deseas.

Es importante destacar que no necesitas reinventar la rueda para generar ingresos adicionales. Puede ser tan simple como ofrecer servicios o productos relacionados con lo que ya haces bien. Si tienes habilidades en cocina, podrías vender platillos desde casa. Si eres bueno con la tecnología, podrías ayudar a otros a reparar sus dispositivos o enseñarles a utilizarlos. Si tienes una pasión por escribir, crear contenido en línea o publicar un libro electrónico puede ser una opción rentable. La clave está en identificar lo que te gusta hacer y cómo puedes aportar valor a otras personas con ello.

Otra forma común de ingresos adicionales es aprovechar las plataformas digitales. Hoy en día, con la facilidad que brindan las redes sociales y los marketplaces, puedes vender productos usados, crear cursos en línea, iniciar un canal de YouTube o incluso rentar una habitación en tu hogar. Estas oportunidades no siempre requieren una gran inversión inicial y pueden adaptarse a tu horario y ritmo de vida. El mundo digital ha democratizado las oportunidades para generar ingresos, y cualquier persona con acceso a internet puede encontrar su nicho.

Si prefieres algo más tradicional, también puedes considerar empleos de medio tiempo o proyectos freelance. Muchas empresas buscan personas que puedan colaborar por horas o en tareas específicas, lo que te permite ganar dinero adicional sin comprometerte a largo plazo. Esto puede ser especialmente útil si tienes un talento o experiencia profesional que pueda aplicarse a diferentes áreas.

Una de las mayores ventajas de tener ingresos adicionales es la tranquilidad mental. Saber que no dependes únicamente de un solo ingreso principal te da una mayor sensación de seguridad. Esto es especialmente relevante en tiempos de incertidumbre económica o laboral. Si pierdes tu trabajo principal o te enfrentas a una reducción de ingresos, esa fuente extra puede ser tu salvavidas mientras te recuperas.

También es importante mencionar que los ingresos adicionales no tienen que ser permanentes. Puede ser algo temporal para alcanzar una meta específica, como pagar una deuda o ahorrar para un proyecto. Pero una vez que experimentas el alivio y las posibilidades que trae consigo tener dinero extra, es probable que quieras seguir buscando formas de generar más ingresos, simplemente porque te das cuenta de lo útil que puede ser.

Sin embargo, generar ingresos adicionales requiere disciplina y compromiso. A veces implica sacrificar un poco de tiempo libre o cambiar la forma en que gestionas tu día. Pero los beneficios a largo plazo superan con creces las molestias temporales. Además, muchas veces descubrirás que el trabajo extra no se siente como una carga si realmente disfrutas lo que estás haciendo. Esa es otra razón para elegir algo que te apasione y en lo que te sientas cómodo.

En última instancia, generar ingresos adicionales no solo mejora tu situación financiera, sino que también te da la oportunidad de aprender, crecer y explorar nuevas posibilidades. Es una forma de tomar el control de tu futuro, construir la vida que deseas y eliminar el estrés de vivir siempre al límite. No importa por dónde comiences, lo importante es dar el primer paso y ser constante. Con el tiempo, ese pequeño esfuerzo extra puede convertirse en un gran cambio positivo para ti y para tu familia.

# Celebrando los Logros Financieros

Cuando hablamos de finanzas, solemos enfocarnos en metas, estrategias y sacrificios. Sin embargo, hay un aspecto crucial que a menudo pasamos por alto: la importancia de celebrar los logros financieros. Cada vez que alcanzas una meta económica, por pequeña que sea, estás dando un paso hacia una vida más estable y satisfactoria, y ese avance merece ser reconocido. Celebrar no solo es gratificante, sino que también refuerza tu motivación y te ayuda a mantenerte enfocado en el camino hacia tus objetivos más grandes.

Celebrar no significa necesariamente gastar dinero de forma imprudente o descarrilar tus avances. Se trata de reconocer tu esfuerzo, dar valor a tu progreso y permitirte disfrutar del resultado de tu disciplina. A veces, lograr ahorrar una cantidad específica, pagar una deuda importante o mantenerte dentro de tu presupuesto durante varios meses consecutivos puede parecer un pequeño paso en el gran esquema de las cosas, pero en realidad son hitos significativos que demuestran tu compromiso y determinación. Cada logro financiero cuenta, y es esencial aprender a valorarlos.

Una forma sencilla de celebrar es darte un pequeño gusto que no comprometa tus finanzas. Puede ser algo tan básico como una comida especial en casa, una salida al cine, o un artículo que querías desde hace tiempo pero que encaje dentro de tu presupuesto. La clave está en disfrutar sin sentir culpa, recordando que esta celebración es una recompensa por el esfuerzo que has puesto en mejorar tu situación económica. Estos momentos de celebración no son un retroceso, sino una manera de reafirmar tu capacidad para equilibrar responsabilidad con disfrute.

También es importante involucrar a tu familia o seres queridos en estas celebraciones, especialmente si ellos han sido parte de tu proceso financiero. Tal vez tus hijos participaron en el esfuerzo al entender la importancia de ahorrar o tu pareja estuvo a tu lado apoyándote mientras trabajaban juntos hacia una meta. Celebrar en conjunto fortalece los lazos y les enseña a todos que el progreso financiero no solo es importante, sino también algo que merece ser reconocido y compartido.

Otra forma poderosa de celebrar es reflexionar sobre tu progreso. Tómate un momento para mirar hacia atrás y recordar dónde estabas cuando empezaste. Es fácil olvidar los avances que hemos hecho cuando estamos constantemente enfocados en lo que falta por lograr. Tal vez antes estabas lleno de deudas y ahora estás más cerca de ser libre financieramente. Tal vez antes te costaba ahorrar, pero ahora tienes un fondo de emergencia creciendo poco a poco. Estos logros no ocurren por accidente; son el resultado directo de tu esfuerzo y dedicación.

Documentar tus logros también puede ser una forma motivadora de celebrarlos. Puedes llevar un diario financiero donde registres cada meta alcanzada y cómo te sentiste al lograrla. A lo largo del tiempo, este registro se convierte en una prueba tangible de tu capacidad para cumplir con tus objetivos y superar obstáculos. Incluso puedes incluir fotos o notas de agradecimiento a ti mismo para reforzar aún más la sensación de éxito.

No subestimes el poder de compartir tus logros con personas de confianza. Hablar de tus avances financieros con amigos cercanos o familiares puede ser una fuente de orgullo y una manera de inspirar a otros. Tal vez alguien en tu círculo necesita escuchar que es posible salir adelante con esfuerzo y disciplina, y tu historia puede ser el impulso que necesitan para comenzar su propio camino hacia la estabilidad financiera. Celebrar no solo te beneficia a ti, sino que también puede crear un efecto positivo en quienes te rodean.

Es crucial también evitar caer en la trampa de minimizar tus logros. A veces pensamos que nuestras metas son demasiado pequeñas para merecer celebración, especialmente cuando las comparamos con las metas de otras personas. Pero recuerda que cada persona tiene su propio camino y sus propios desafíos. Lo que para alguien más puede parecer sencillo, para ti puede haber requerido un esfuerzo extraordinario. No te compares con los demás; celebra lo que has logrado desde donde empezaste y según tus propias circunstancias.

Finalmente, celebrar tus logros financieros no solo se trata de disfrutar el momento, sino también de usar ese momento para reafirmar tus objetivos a futuro. Cada éxito es un recordatorio de que eres capaz de lograr lo que te propones, y cada celebración debe ser una plataforma que te impulse hacia el siguiente desafío. Después de todo, el viaje financiero no termina con un logro; es un proceso continuo de aprendizaje, crecimiento y superación.

Permítete sentir orgullo por lo que has alcanzado. Celebra cada paso que te acerque a la vida que deseas. Reconoce que cada decisión responsable, cada sacrificio y cada esfuerzo valieron la pena. Al final, la verdadera recompensa no es solo lo que lograste, sino en quién te convertiste al hacerlo. Celebrar no es un lujo; es una necesidad para mantener el entusiasmo y el enfoque en tu camino hacia el éxito financiero.

# Un Futuro Libre de Deudas

Imagina por un momento cómo sería tu vida si no tuvieras que preocuparte por las deudas. Piensa en la libertad de no esperar cada mes una pila de facturas o pagos automáticos que te quitan una gran parte de tu ingreso. Visualiza la tranquilidad de saber que el dinero que ganas es completamente tuyo, listo para ser usado en lo que realmente importa para ti. Ese futuro libre de deudas no es un sueño lejano ni algo reservado solo para unos pocos afortunados. Es algo que tú puedes construir con esfuerzo, planificación y una dosis de compromiso.

La primera clave para alcanzar un futuro libre de deudas es entender que no se trata solo de eliminar las deudas que tienes hoy, sino también de cambiar la forma en que ves el dinero y las decisiones que tomas con él. Muchas veces, las deudas son el resultado de hábitos financieros desorganizados o impulsos que no hemos aprendido a controlar. Por eso, salir de las deudas no solo es un proceso de pago, sino también un proceso de transformación personal. Para vivir sin deudas, necesitas dejar atrás la idea de que necesitas cosas ahora mismo, incluso si eso significa endeudarte para conseguirlas.

Un paso fundamental para comenzar este camino es dejar de usar nuevas deudas mientras trabajas en eliminar las antiguas. Si sigues cargando tus tarjetas de crédito o firmando nuevos préstamos, te será casi imposible salir adelante. Esto puede requerir decisiones difíciles, como dejar de usar las tarjetas de crédito por completo o aprender a vivir con un presupuesto estricto. Pero estos sacrificios temporales tienen un gran propósito: te están preparando para una vida más tranquila y plena.

Para trabajar hacia un futuro sin deudas, necesitas tener un plan claro. No basta con pagar lo que puedas cuando puedas; necesitas una estrategia sólida que te permita atacar tus deudas de manera eficiente. Una opción efectiva es el método bola de nieve, en el que ordenas tus deudas de menor a mayor según el saldo y pagas primero las más pequeñas, mientras haces los pagos mínimos en las demás. Cada vez que eliminas una deuda, te liberas de una carga y puedes concentrarte en la siguiente.

Este método no solo funciona matemáticamente, sino que también tiene un impacto emocional positivo. Cada pequeña victoria te da el impulso necesario para seguir adelante.

Sin embargo, no basta con pagar las deudas existentes. También necesitas crear una barrera que te proteja de caer nuevamente en ellas. Una parte importante de esa barrera es un fondo de emergencia. Las deudas a menudo surgen de gastos inesperados, como reparaciones de autos o emergencias médicas. Si tienes un fondo de emergencia bien establecido, puedes cubrir estos gastos sin recurrir a préstamos o tarjetas de crédito. Comienza con una meta pequeña, como ahorrar mil dólares, y luego trabaja para tener al menos tres a seis meses de gastos básicos cubiertos.

Otro aspecto importante para construir un futuro libre de deudas es aprender a manejar las tentaciones. Vivimos en una sociedad que constantemente nos bombardea con publicidad y mensajes que nos dicen que necesitamos más cosas para ser felices. Aprender a decir no a estas tentaciones no es fácil, pero es esencial.

Pregúntate siempre si lo que deseas comprar es una necesidad o simplemente un deseo impulsivo. Si no puedes pagarlo en efectivo, no lo compres. Este principio sencillo puede ahorrarte muchos dolores de cabeza en el futuro.

Además de evitar nuevas deudas, es importante buscar maneras de aumentar tus ingresos. Esto no significa necesariamente conseguir un segundo trabajo, aunque esa puede ser una opción en algunos casos. También puede significar vender cosas que ya no necesitas, buscar oportunidades de negocio, aprender nuevas habilidades que te permitan ganar más dinero o invertir en algo que te genere ingresos pasivos a largo plazo. Tener un flujo de ingresos adicional puede acelerar enormemente tu camino hacia la libertad financiera.

Cuando logres salir de las deudas, la clave será mantenerte fuera de ellas. Esto significa seguir viviendo con un presupuesto, ahorrar regularmente y tener cuidado con las decisiones financieras que tomes. Puede ser tentador pensar que, una vez que estás libre de deudas, puedes relajarte y volver a gastar como antes. Pero ese es el camino más rápido para volver al punto de partida. En lugar de eso, disfruta la libertad de no deberle dinero a nadie y usa esa libertad para construir la vida que realmente deseas.

Vivir sin deudas también te permite ser más generoso. Cuando no tienes deudas que consumirán cada centavo de tu ingreso, puedes ayudar a otros, ya sea a través de donaciones, apoyando a un amigo o familiar en necesidad o invirtiendo en causas que te importan. Esa es una de las mayores recompensas de vivir sin deudas: la capacidad de usar tu dinero para marcar una diferencia positiva en el mundo.

Finalmente, recuerda que un futuro libre de deudas no solo es un logro financiero, sino también una forma de cuidar tu bienestar emocional y mental. Las deudas son una fuente constante de estrés y preocupación para muchas personas. Liberarte de ellas no solo te dará más dinero para gastar o ahorrar, sino también más paz mental y felicidad. Al final del día, esa tranquilidad vale más que cualquier cosa que podrías haber comprado con una tarjeta de crédito.

Construir un futuro sin deudas requiere tiempo, esfuerzo y sacrificio, pero es una meta alcanzable. Más importante aún, es una meta que cambiará tu vida para mejor. No dejes que las deudas definan tu futuro. Toma el control de tus finanzas, haz un plan y trabaja en él con determinación. El día que finalmente te liberes de las deudas será el comienzo de una nueva etapa, una en la que el dinero trabaje para ti y no al revés.

www.ingramcontent.com/pod-product-compliance
Lightning Source LLC
LaVergne TN
LVHW060257051026
849517LV00003B/842
*9798230544449*